Société archéologique, historique et artistique

« LE VIEUX PAPIER »

CONFÉRENCE de M. Edmond FÈVELAT

faite le 24 mai 1910

Vieux Papiers

et Souvenirs

D'UN COMBATTANT DE CRIMÉE

LILLE
IMPRIMERIE LEFEBVRE-DUCROCQ
1910

SOCIÉTÉ
Archéologique, Historique et Artistique
" LE VIEUX PAPIER "

CONFÉRENCE

de M. EDMOND FÈVELAT

Vieux Papiers

et Souvenirs

d'un Combattant

de Crimée.

A PARIS
Le 24 mai 1910.

Vieux Papiers et Souvenirs

d'un Combattant de Crimée.

MES CHERS COLLÈGUES,

C'est à votre vice-président, mon excellent ami Georges Creste, que je dois de faire partie de votre Société.

Ce fut un grand plaisir pour moi d'être des vôtres; pouvoir écouter, regarder et apprendre sont choses délicieuses, entendre des conférenciers tels que M. Vivarez, notre président, dont l'accueil me fut si cordial, tels que les collectionneurs érudits qui, à chacun de nos dîners, se font un plaisir de nous montrer les trésors qu'ils ont découverts et de nous en conter l'histoire, c'était trop beau, et mon effroi fut grand lorsque M. Paul Flobert, votre secrétaire général, m'offrit de prendre la parole à l'une de nos réunions.

J'avais décliné l'invitation, lorsque, à la réflexion, je pensai que la société *Le Vieux Papier* vaut bien une académie et qu'elle peut avoir le droit de demander à ceux qu'elle accueille, aux nouveaux venus, sinon un discours de réception, du moins quelque chose qui puisse en tenir lieu; vous avez le droit, Messieurs, de demander à tout nouveau « vieux papiériste » qu'il prouve sa qualité en montrant mieux qu'une patte ou une page blanche.

Torturé, oh combien! par cette pensée de n'être pas trop indigne d'être des vôtres, j'ai recherché chez moi et trouvé des souvenirs et des documents qui pour n'être vieux que d'un peu plus d'un demi-siècle, valent la peine d'être contés et remis au jour.

De notre temps, l'histoire, la grande histoire même, suivant le progrès qui nous entraîne, se fait vite, se fixe rapidement. Un siècle est vécu en dix ans.

Vous parler de la guerre de Crimée à l'aide de documents, les uns peu connus, je ne dis pas oubliés, les autres inédits, votre secrétaire général m'a affirmé que cela pouvait être intéressant, cela doit être car toutes vos recherches, tous vos travaux ne se rattachent-ils pas à l'histoire, à cette histoire qui, autrefois surtout, se composait tout entière de grands faits militaires; nos épopées guerrières n'ont-elles pas aidé au progrès, à tous les progrès, et notre cœur ne bat-il pas plus fort au récit des batailles où fut tenu haut et fier le drapeau de la France?

La Crimée — 1854-1855 — que c'est près et que c'est loin; pourquoi notre histoire militaire ne s'est-elle pas arrêtée au lendemain de cette page glorieuse?

Je ne veux pas, Messieurs, vous en refaire l'histoire, notre soirée est brève et longue fut la guerre d'Orient. Si le travail établi par les soins des officiers de la section historique est encore inédit au Ministère de la guerre, il a, du moins, été largement mis à contribution par Camille Rousset et d'autres ouvrages importants ont été publiés [1].

Je ne vous présente, Messieurs, que le grand atlas publié en 1858, par ordre de Napoléon III, des cartes de l'époque, anglaises, russes et françaises, un tout petit album, des croquis, des dessins, des calques, des levers de plans, des aquarelles, enfin soixante-dix-huit lettres, dont l'encre, aujourd'hui pâlie, fut plus d'une fois séchée par le vent des boulets et le sable soulevé par le passage des obus et des schrapnels, adressées, du 18 mars 1854 au 1er juin 1856, à son père et à son frère, par le capitaine Perrotin [2] ; il appartenait au corps d'état-major et à cette merveilleuse section topographique qui, pendant cette campagne de plus de deux années, ne compta jamais plus de six à huit officiers : c'étaient le lieutenant-colonel Desaint au quartier général, les chefs d'escadrons Davout, Berthaut et Beaudouin, les capitaines Balland, Davenet, Mircher, Valette, Saget, de l'Epée, Perrotin ; son histoire est à écrire, mais elle est faite d'un trait dans le croquis plein d'humour que je vous présente : c'est un fantassin demandant à un cavalier hirsute : « Mon ami, dis-moi où je pourrai trouver les officiers de la section topographique. — Partout, répond le cavalier, excepté chez eux ».

En effet, les travaux topographiques de la section se sont étendus sur l'immense arc de cercle allant de Gallipoli, Andrinople, la traversée des Balkans, Varna (il s'agissait, au début, de dégager Silistrie assiégée par les Russes), les marais de la Dobrutscha où le choléra règne en permanence, Odessa, Cherson, toute la Crimée, Kertch jusqu'à Anapa, à l'ouest du Caucase.

Entre temps, la veille des jours de bataille, on reconnaissait le terrain, repérant les défenses de l'adversaire, les tranchées, les batteries ; sous la mitraille la section restait en observation, renseignant, rectifiant la marche des colonnes d'attaque et, dès le soir du combat ou le lendemain, faisait le lever du champ de bataille pour permettre aux grands chefs de tirer de l'action tous les enseignements qu'elle comportait.

Dans sa préface du grand atlas du 29 décembre 1858, le colonel Blondel, directeur du Dépôt de la guerre, a pu dire :

« A la paix de 1856, on a vu, chose heureuse et nouvelle, rentrer au Dépôt de
» la guerre, toutes les archives de l'armée, c'est-à-dire la collection complète des
» registres d'ordres et de correspondances des généraux de corps et de division,
» les journaux de marche et d'opérations des corps, des divisions et des colonnes
» détachées ; les reconnaissances des routes parcourues, des bivouacs, des campe-
» ments, des champs de bataille ; les minutes des états de situation et des rapports,
» etc., etc. »

Ces lignes sont très exactes puisque je puis, à mon tour, Messieurs, faire passer sous vos yeux les moindres croquis, les moindres notes du capitaine

---

1. Totleben. *Récit de la guerre de Crimée*, 1864. — Général Fay. *Souvenirs de la guerre de Crimée*, 1867. — Camille Rousset. *Histoire de la guerre de Crimée*, 1877. — G. Marchal. *La guerre de Crimée*, 1888. — *Récits de Crimée*, de Perret, capitaine de zouaves, 1888, avec de très beaux portraits, notamment des maréchaux Leroy de Saint-Arnaud et Bosquet. — *Souvenirs de Sébastopol*, traduit du russe, 1894, récits un peu enfantins. — *Lettres du maréchal Bosquet*, à sa mère, etc., etc.

2. Claudius-Amédée Perrotin, 1822-1907, colonel d'état-major, ancien major de la place de Paris, né à Grenoble.

Perrotin. Permettez-moi de vous présenter le véritable conférencier de ce soir : voici son portrait fait bien des années après, en grande tenue de colonel d'état-major, avec sa physionomie souriante et bonne qui lui gagnait tous les cœurs, même, vous le verrez plus tard, ceux des Russes.

J'analyse brièvement sa correspondance.

Le 18 mars 1854, il écrit de Malte, ayant fait la traversée sur le « Marocain », un assez médiocre bateau dont le roulis et le tangage rendirent affreusement malade Patriarche, un brave mulet de Provence destiné à porter les cantines du capitaine; Patriarche ne se fit pas plus au canon qu'à la mer : à Inkermann, croyant se sauver d'un galop furieux au fond d'un ravin, il se cassa la jambe, fut abattu et comme sa chair était bonne, il fournit quelques biftecks à la table des officiers.

Voici, Messieurs, le plan de La Vallette, l'ancienne ville française des chevaliers de Malte lorsque l'île n'appartenait pas encore aux Anglais.

Le 13 juin, le capitaine écrit de Gallipoli qu'il fait de la topographie à toute vapeur ; il file sur Andrinople dont voici le plan, avec un joli dessin de ses hauts minarets. Fin juin, il traverse les Balkans avec une escorte de trente gendarmes turcs, qui lui faisait dire plus tard : « C'étaient peut-être bien des gendarmes, mais j'avais plutôt l'air d'un chef de brigands ».

Les 3 et 5 juillet, il est à Varna et assiste à la revue d'Omer-Pacha. Un des officiers de la section topographique, qui ressemblait beaucoup au maréchal turc, fut dès lors dénommé Omer II.

Le 13 juillet, le capitaine Perrotin est envoyé en mission à Rossowa, sur le Danube, près de l'ancien mur de Trajan, avec cette seule consigne : « Allez et débrouillez-vous ! »

Il écrit encore le 23 juillet, puis le 1er août, on parle, dit-il, de la Crimée et du siège de Sébastopol.

Le 8 août, le choléra sévit atrocement; nous perdons quarante-cinq pour cent de nos effectifs.

Le 10 août, incendie de Varna. Voici le croquis du quartier dévasté à deux pas des poudrières.

Le 28, derniers préparatifs de départ pour Sébastopol avec, à peine, un sixième de chances favorables.

Le 31 août, il écrit qu'il s'embarque le 2 septembre et qu'on verra cette chose extraordinaire : plus de trois cents navires transportant une armée de 55.000 hommes, et, quelle armée, composée de Turcs, de Français et d'Anglais.

Le 3 septembre, sa lettre est datée à bord de la corvette « Le Roland », en rade de Baldschik, le maréchal de Saint-Arnaud est sur « Le Valmy ».

Crimée, 15 septembre 1854. Le capitaine Perrotin écrit : « Nous avons fait » notre débarquement à Eupatoria et Sébastopol par un temps superbe », et il envoie le croquis de l'ordre de marche et de combat de la flotte que je vous représente.

19 septembre. Voici sur un petit feuillet de papier l'ordre de la première marche sur l'Alma ; à six heures, le 20, au matin, la division Bosquet se mettait en marche, mais lord Raglan, qui devait se mettre en mouvement une heure plus tard, malgré les instances du colonel Trochu qui avait fait deux lieues au galop pour le rejoindre, ne mit ses troupes en route que vers dix heures, au risque de faire échouer l'opération ; la division Bosquet dut arrêter puis reprendre sa marche en avant. Je vous présente le calque du plan du champ de bataille levé, le soir même, par le capitaine Perrotin et ses camarades.

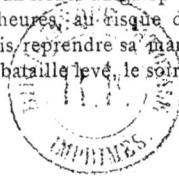

Le grand atlas, ouvert devant vous, dans lequel vous avez trouvé déjà le récit sommaire de la campagne de Crimée, la composition de l'armée à diverses dates, la longue liste des généraux, des officiers supérieurs et des officiers d'état-major qu'elle a coûté à la France, y compris un maréchal, vous donne en plusieurs cartes et grandes lithographies les phases successives de la bataille de l'Alma.

De Balaklava, le 27 septembre, le capitaine écrit : « Nous avons un rude » travail : à cheval de cinq heures du matin jusqu'à minuit » ; il s'agit de placer les troupes, de se reconnaître, de s'installer dans un pays inconnu au milieu des bois et des ravins. — Le maréchal Saint-Arnaud, très malade, remet le commandement à Canrobert et s'embarque le 28, pour mourir trois jours plus tard, enseveli dans la gloire de notre première victoire.

Le 27 septembre, nouvelle lettre de Balaklava ; il n'a plus le temps de dormir ni de manger, ne s'est pas déshabillé depuis huit jours, mais il se porte bien.

Le 17 octobre, le capitaine écrit, le soir : « l'attaque a commencé ce matin ; » les boulets, les bombes et les obus pleuvent à plaisir ; violentes explosions dans » nos tranchées et du côté des Russes ; depuis quelques instants, le feu est moins » vif, *chacun racommode sa chemise et on en a besoin* ».

Le 2 novembre, lettre datée de : « Sous Sébastopol » ; il gèle, les soldats réclament l'assaut. Le 12, on dresse le plan d'Inkermann ; je vous présente, mes chers collègues, le croquis de la bataille du 8 et celui de Batchi Seraï à côté.

De Sébastopol et ses environs, voici une carte anglaise autographiée, deux plans de la place, le précieux calque de la reconnaissance effectuée par la « Rétribution », le croquis de l'Alma au Belbeck et celui qui lui fait suite, qui ont permis de dresser les cartes détaillées du grand atlas. Enfin un charmant dessin du monastère de Saint-Georges, tout au sud de Sébastopol.

Le 21 novembre, corvée de bois, il faut se chauffer, le feu des canons et des mortiers ne suffit pas ; le 2 décembre, le mauvais temps continue. Le 24, pour se distraire, reconnaissance dans la plaine de Balaklava et notre capitaine, qui a vu à l'Alma et à Inkermann les obus passer sous le ventre de son cheval, est atteint, ce jour-là, d'un singulier projectile. Les Tatars, qui n'obéissaient pas plus aux Turcs qu'aux Russes, avaient dévasté les jardins et les plus jolies habitations de la Crimée, il avait fallu, au matin, mettre le sabre à la main pour les chasser ; ceci fait, le capitaine prenait rapidement le croquis du terrain, lorsqu'entendant, dans une grande villa, un bruit infernal, il se précipite pour en connaître la cause, et reçoit lancé d'une main sûre un énorme livre sur une de ses épaulettes : c'était une bible en français. Dans la maison, les Tatars pillards se jettent à ses genoux, l'accablent de leurs salamaleks et prennent la fuite.

1855, le 5 janvier, arrive Omer-Pacha ; le 7, le capitaine, après avoir été bûcheron, passe dans les cantonniers pour faire des routes ; le 11 février, arrive Pelissier, le 25 il passe avec Bosquet ; le général n'avait guère dans son état-major que des Africains, mais il apprécie bien vite le sang-froid et l'intelligence du capitaine Perrotin ; celui-ci, dans une lettre du 8 mars, dit qu'un mois vient de passer plus vite qu'un jour. La mort de l'empereur Nicolas n'arrête pas les défenseurs de Sébastopol, pas plus que les Anglais ne s'arrêtent dans les fautes qu'ils commettent, ce qui nous vaut, le 24 mars, une jolie lettre qui débute ainsi :

« Nous venons d'avoir en petit un combat d'Inkermann au beau milieu de la » nuit, et, toujours par la faute des Anglais, nous avons perdu plus de monde que » nous n'en aurions perdu étant seuls. Dans la nuit du 22 au 23, vers minuit, les » Russes, en colonnes très nombreuses, se sont élancés sur nos tranchées de la

Le Télégraphe du 1er Corps.

Le Quartier général en juin 1855.

Maison du Colonel du 74e.

Dessins au crayon exécutés par le capitaine Perrotin, officier de la Brigade topographique.
Campagne de Crimée, 1854-1856.
Collection Févelat.

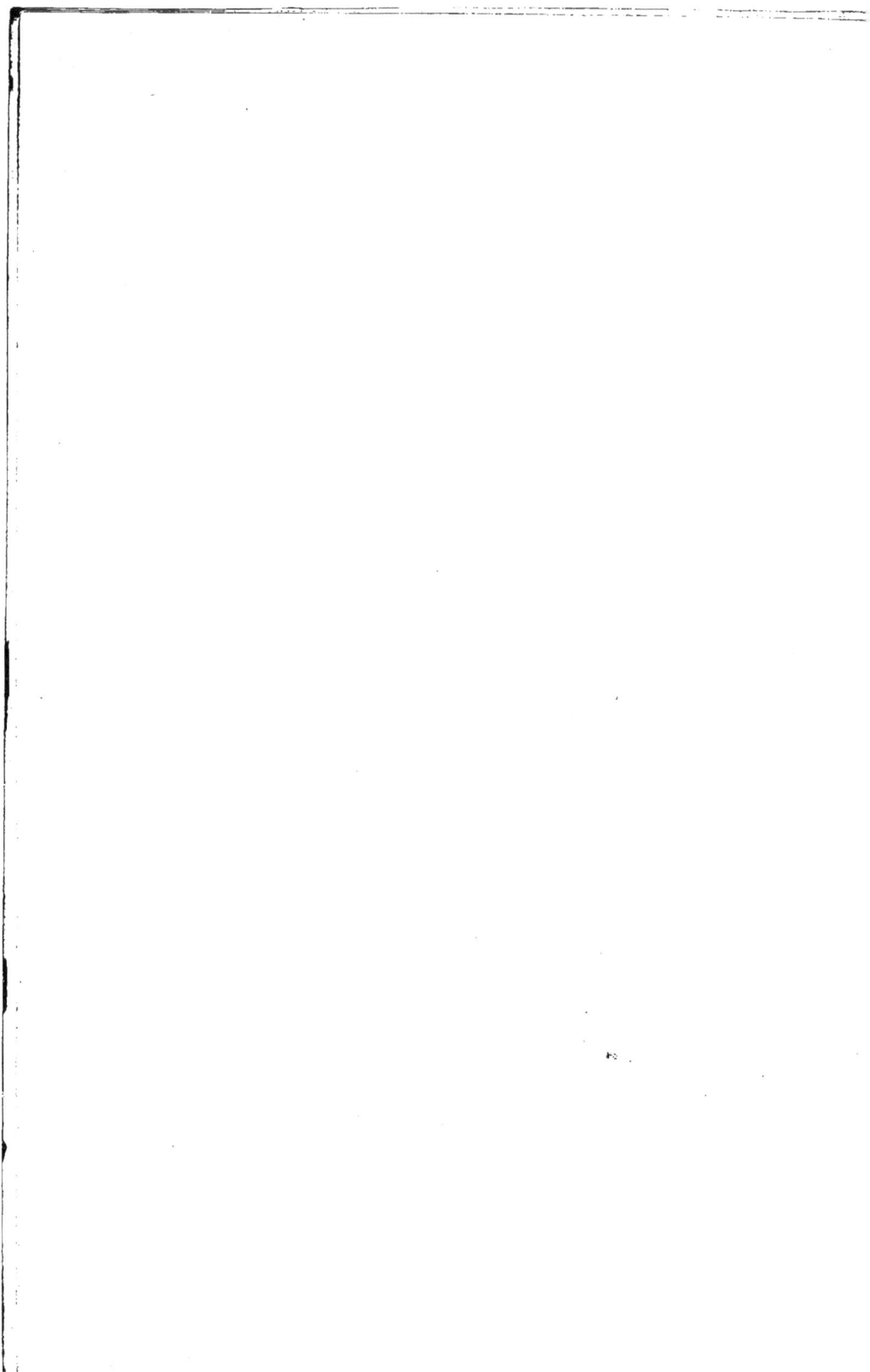

» redoute Malakof ; les Anglais dont les tranchées font suite aux nôtres les avaient
» complètement abandonnées, n'y laissant que quelques sentinelles — aussi, elles
» ont été forcées immédiatement et les Russes ont pu prendre les nôtres par le
» flanc et en arrière — les zouaves, le 11e léger, le 7e léger, le 4e bataillon de
» chasseurs à pied se sont battus comme des géants. On ne s'est battu qu'à bout
» portant et à la baïonnette ; le vent était très violent et les balles sifflaient avec
» un bruit énorme. Encore un souvenir qui ne me quittera pas, du reste c'est le
» troisième que je vois en quinze jours; mais celui-ci est le plus rude. Nous avons
» eu 280 hommes tués ou blessés et 25 officiers également tués ou blessés ».

On s'était si bien battu, cette nuit du 22 au 23 mars, à bout portant, qu'un
brave sergent-major, ancien forgeron, Brachet [1], assommait les Russes à coups
de poings ; il sortit de la tranchée avec le capitaine Perrotin, leurs uniformes
déchirés, en loques, sans une égratignure.

Trois jours plus tard, le 27 mars, le pauvre capitaine écrit ce qui suit, à son
père : « Le général Bosquet vient, à l'instant, de me remettre en m'embrassant la
» croix et mon brevet provisoire de chevalier, je ne me doutais pas en t'écrivant
» quelques mots sur notre dernière affaire que le général m'avait porté pour la
» décoration, le général Canrobert que je viens de voir a été on ne peut plus
» aimable pour moi ».

Au fait, voici ce qui s'était passé : les tranchées avaient été mieux gardées les
trois nuits suivantes. Perrotin ayant repris son tour du 26 au 27, étant venu au
rapport, Bosquet au moment où il se retirait l'avait rappelé, lui disant qu'il oubliait
quelque chose, c'était le bout de ruban rouge que de sa main il épingla à la tunique
du capitaine qui depuis un mois seulement faisait partie de son état-major.

Voici, Messieurs, au titre de document peu connu, l'ordre général de l'armée
d'Orient, autographié sur papier à chandelle, du 26 mars 1855, signé Canrobert :

Armée d'Orient
—
État-Major général
—

ORDRE GÉNÉRAL
—

No 195

La nuit du 22 mars a été glorieuse pour les troupes du deuxième corps. Une
colonne ennemie de plus de dix mille hommes a multiplié pendant trois heures
autour de nos travaux de droite des efforts qui sont restés impuissants devant
l'énergique solidité de cinq bataillons. Le 3e de zouaves a dépassé dans ce combat
opiniâtre tout ce qu'on devait attendre de sa belle réputation qu'avait déjà grandie
le combat de la veille. Le 86e (11e léger), récemment venu d'Afrique, a dignement
soutenu celle qu'il avait apportée parmi nous ; le 82e (7e léger), le 6e de ligne qui
se sont déjà fait connaître si honorablement dans cette guerre, ont rivalisé d'ardeur
et de bravoure. Enfin le 4e bataillon de chasseurs à pied, envoyé à l'appui des
troupes engagées, s'est jeté sur l'ennemi, à la voix de son commandant, le chef de
bataillon de Fontanges, avec une énergie qui a déterminé sa retraite définitive.

Le général de division Brunet a exécuté habilement les dispositions générales
prescrites par le général Bosquet, commandant le deuxième corps, en cas d'attaque.

---

1. Brachet, des environs de Grenoble, fut nommé sous-lieutenant ; il prit, après 1870, sa retraite
comme capitaine et officier de la Légion d'honneur. Je conterai, quelque jour, son histoire.

Le général d'Autemarre a conduit l'action avec une intelligente vigueur. Il a été dignement secondé par le colonel Janin, de tranchée, qui n'a cessé de donner à tous, bien que deux fois blessé, l'exemple d'un brillant courage.

Le chef de bataillon Banon [1] du 3e de zouaves, le chef de bataillon Dumas du corps du génie, officier supérieur plein de mérite et de bravoure, ont trouvé une mort glorieuse dans l'accomplissement de leur devoir. Le capitaine de Crécy, des zouaves, le capitaine Montois du 86e, se sont hautement distingués.

Officiers, sous-officiers et soldats se sont disputé l'honneur de faire payer cher à l'ennemi une agression sur laquelle il fondait de grandes espérances et qui lui a coûté plus de deux mille hommes tués ou blessés.

Au nom de l'Empereur :

Je nomme dans l'Ordre Impérial de la Légion d'honneur,

Au grade d'Officier

MM. BRINCOURT, capitaine au 3e zouaves,

DE FONTANGES DE COUZAN, chef de bataillon au 4e bataillon de chasseurs à pied.

Au grade de Chevalier

MM. DANTIN, capitaine d'état-major, adjoint au général de tranchée,

DE POILLOÜE DE SAINT-MARS, capitaine au 91e de ligne, officier d'ordonnance du général Brunet,

PERROTIN, capitaine d'état-major, attaché à l'état-major du deuxième corps,

ROUET, lieutenant au 3e de zouaves, officier d'ordonnance du général d'Autemarre,

MINOT, capitaine au 100e de ligne, aide-major de tranchée,

CAUJOLLES, sergent au 1er régiment de grenadiers de la Garde impériale.

Suivent les autres nominations.

Le 26 avril 1855, le *Moniteur de l'Armée*, que voici, enregistrait la nomination de Perrotin avec cette brève et éloquente mention : « Plein d'énergie au feu ».

Je vous prie d'excuser, mes chers collègues, cette digression un peu familiale, elle montre combien en ce temps-là les choses étaient simples : l'information et la presse ne comptaient guère, on ne connaissait ni le téléphone, ni les clichés, ni les cinématographes ; le télégraphe commençait à peine, le premier fil électrique fit son apparition à l'armée de Crimée, le 20 avril 1855 ; grâce à lui on comptait diriger la guerre des Tuileries. Pélissier fut obligé un jour de le couper pour pouvoir lui-même suivre le fil de ses idées et prendre enfin Sébastopol, on en était encore loin.

Le 12 mai, le capitaine Perrotin embarque sur le « Montebello » pour une expédition à Kertch, dans le but d'inquiéter les Russes à l'entrée de la mer d'Azov, mais le fil l'arrête jusqu'au 21 : il s'embarque de nouveau et constate qu'il est de toutes les expéditions, on en inventerait plutôt pour lui faire plaisir. Le même

1. Ou Baunon.

jour, Pélissier remplace Canrobert. En route pour Kertch avec le général d'Aute-marre d'Ervillé dont on retrouve partout et toujours la brigade ou la division au premier rang pour les actions héroïques.

A Kertch, à Iénikalé, à Toman, sur la côte d'Asie, les Russes font sauter leurs défenses et ne résistent pas, leur flotte est détruite, seul un petit navire, « l'Argo-naute », échappe au désastre. Quelqu'un n'a-t-il pas écrit que l'épopée de Crimée rappelait l'expédition fabuleuse de Jason et des Argonautes. J'en devais retrouver le nom au cours de mon récit.

Le capitaine Perrotin est aux alentours du détroit de Kertch jusqu'au com-mencement de juin, il maudit les Turcs qui, à Anapa, ont dévasté le tombeau de Mithridate, mais il en rapporte les croquis que je vous présente : Iénikalé, plan sur toile, croquis de la forteresse, dessin de la côte ; Kertch, le plan de la forte-resse, le musée et le mont Mithridate, enfin une superbe vue générale d'Anapa à 60 kilomètres au sud-est de Kertch.

Le 18 juin 1855, le capitaine, qui ne manque jamais d'écrire les matins de bataille, commence une longue lettre pour son père dont voici la huitième et dernière page : « J'avais interrompu ma lettre écrite pendant la nuit pour assister
» à l'assaut donné à toute la droite, nous n'avons pu réussir, les Russes avaient
» été prévenus et les généraux commandant les divisions ayant été tués les pre-
» miers, il n'y a pas eu les ordres nécessaires, on a été obligé de se replier. Les
» Anglais n'ont pas pu s'avancer assez, en sorte que nous avons dû abandonner la
» place aussi, à cause du feu lancé par l'ouvrage qu'ils devaient enlever. Le 19ᵉ
» de ligne avait planté son drapeau sur la tour Malakof. Le 5ᵉ bataillon de
» chasseurs était au centre des ouvrages russes, malheureusement, ils ont été
» forcés de se replier. Les généraux Mayran et Brunet sont tués. »

Le 23 juin, il donne quelques détails sur la malheureuse tentative du 18 :
« C'est le premier insuccès que nous ayons, et, du reste, je n'ai jamais vu d'affaire
» aussi mal emmanchée que celle-là. Les Anglais ont eu l'idée de lancer des
» fusées vers 3 heures. Le général Mayran, dans le brouillard, les a prises pour
» le signal convenu et s'est lancé trop tôt ; les autres divisions ont suivi ; mais une
» seule est bien arrivée, c'est celle du général Dautemarre. Les Anglais se sont
» montrés faibles ; un régiment a, dit-on, refusé de sortir de la tranchée, les
» autres ne sont pas arrivés jusqu'aux ouvrages, somme totale : fiasco absolu. Les
» réserves étaient trop loin, elles n'ont donné qu'après coup, et, du reste, les
» troupes d'attaque étaient infiniment trop faibles. On dit que le général Bosquet
» n'a pas voulu se charger de l'affaire dans ces conditions, il n'aurait accepté
» qu'avec le double d'effectif. Le 5ᵉ bataillon de chasseurs a été admirable ; il est
» allé à 500 mètres dans l'intérieur et ne s'est replié que quand il a vu qu'il
» n'était soutenu par personne. Mon vieux sergent Richard ¹ se trouve du petit
» nombre de ceux de son bataillon qui sont allés le plus loin et qui n'ont aucune
» blessure ».

Il termine cette lettre en parlant du général Canrobert qui, « en se retirant, a
» emporté les regrets et l'affection sincère de tout le monde ; depuis longtemps il
» voulait partir, on ne sait pas ce que c'est que de vivre à côté des Anglais, je
» trouve qu'on mérite le ciel quand on s'en sépare, comme le général Canrobert,

---

1. Richard, des environs de Grenoble, nommé chevalier de la Légion d'honneur.

» sans en avoir assommé la moitié. On verra plus tard comment se traduira
» *l'entente cordiale* ».

L'échec du 18 juin fut réparé le 8 septembre, le capitaine revenait de Constantinople ; il écrit :

« Je suis arrivé au camp avant-hier soir, l'assaut a lieu à midi précis, demain
» Paris saura une grande nouvelle. J'ai un pied à l'étrier, tout le monde est parti,
» je vais en faire autant ».

Le 17, il écrit : « Nous sommes dans le *statu quo* depuis que Sébastopol est à
» nous, on a bien le droit de jouir un peu de ses lauriers, surtout quand on les a
» payés si cher ». Toute cette lettre, et bien d'autres, serait à citer en entier, je les
publierai quelque jour.

Le 22 septembre il écrit de nouveau : le général d'Allonville, dont il fut plus
tard l'aide de camp, partait en reconnaissance à Eupatoria avec sa cavalerie ; sur
l'ordre du grand vizir les meilleures troupes turques devaient être mises à sa
disposition, le capitaine Perrotin pense qu'on en pourra tirer bon parti, au moins
des deux divisions égyptiennes ; il ajoute : « Mais ces soldats ne feront jamais ce
» qu'ont fait nos gringalets. La guerre, dans les conditions où nous l'avons faite,
» est trop sanglante pour n'être pas affreuse, mais on l'aime avec de pareils
» soldats, on se passionne malgré soi en les voyant à l'œuvre ; nous qui avons des
» épaulettes qui ne nous laissent le choix qu'entre le courage ou la flétrissure,
» nous qui avons une carrière à accélérer, un but à atteindre, nous devons aller
» partout et les premiers ; mais que ces braves paysans devenus, il y a quelques
» jours, soldats guerroyants, viennent se jeter avec tant d'ardeur devant la mort,
» sans intérêt personnel, sans autre espoir de récompense que la satisfaction propre,
» vraiment c'est admirable ».

Je ne crois pas que Paul de Molènes, lui-même, qui fut, en Crimée, chef
d'escorte de Saint-Arnaud, ait rien écrit de plus beau.

Perrotin ajoute : « Dans la journée du 8, c'était vraiment quelque chose d'en-
» traînant, que de voir notre drapeau s'avançant au milieu de la mitraille et de la
» plus vive fusillade à travers les ouvrages ennemis et stationner successivement
» sur les points les plus élevés de chacun d'eux. C'est entraînant. A propos de
» drapeau, je dois te signaler la nappe que tu m'as envoyée dernièrement comme
» ayant servi pendant trois jours de drapeau parlementaire sur la tour Malakof.
» On cherchait et relevait les blessés, les Russes sont venus chercher une partie
» des leurs. Cette nappe repose dans ma cantine où elle peut réfléchir à l'honneur
» qui lui a été fait ».

Je vous présente, Messieurs, avec son inscription à l'encre, qui a vieilli, des
trois journées : 9, 10 et 11 septembre 1855, l'humble et glorieuse nappe qui fut le
drapeau parlementaire de Malakof.

Les lettres du capitaine suivent, maintenant, en octobre, en novembre. Le 20,
il demande qu'on lui envoie une bonne paire de galoches à semelles de bois pour
patauger à son aise dans le camp marécageux.

Les galoches de l'élégant capitaine, car, mes chers collègues, il était élégant,
ne sont-elles pas quelque peu les cousines des sabots du bataillon de la Moselle ?

Au cours de ses promenades à travers le camp, il couvre de dessins un petit
album qui fait un heureux contraste avec le grand atlas ; nous en avons extrait
pour vous, Messieurs, une *vue du grand quartier général*, *la maison du colonel
du 74e* qui fut le général Breton, enfin le *télégraphe* du début des opérations, le

Chappe qui rendit de grands services. Ces dessins sont d'une finesse absolument remarquable.

L'hiver passe, le printemps de 1856 arrive. On a montré aux Parisiens, le 29 décembre 1855, sur la place Vendôme, des troupes revenant de la guerre d'Orient, mais le capitaine Perrotin est toujours en Crimée ; il y a bien des choses délicates à régler, des redditions de prisonniers, et, dans le courant de mai 1856, chargé d'une mission pour le gouverneur d'Odessa, il s'embarque sur le « Sebeto » avec le brave Badowski, un Polonais interprète au service de la France.

Le 24 mai, il y a juste aujourd'hui cinquante-quatre ans, il est à Tchûphût-Kaleh, ce qui me permet de mettre sous vos yeux, mes chers collègues, des croquis, des dessins et des aquarelles délicieuses : le plan, la vue et la grande porte, un dessin et une aquarelle de Topé-Kerman, la vallée de la fontaine de Joseph, les dessins très exacts avec les inscriptions des tombeaux de juifs Karaïmes qui font remonter aux temps mosaïques leur installation au nord de la mer Noire.

Après cette escale, le « Sebeto » arrive à Odessa.

Madame Blanche Fèvelat, la fille du capitaine, a publié, il y a quelques années, dans la *Revue du Dauphiné et du Vivarais*, les souvenirs de voyage de son père, d'Odessa à Sébastopol, en télègue et en tarentasse ; je ne saurai le conter mieux et vous en recommande la lecture.

Accueilli cordialement par le général de Luders, gouverneur d'Odessa, par toute la société russe, comme par les plus humbles moujiks, tout le long de sa route, on a pu dire que le capitaine Perrotin fut, sinon le premier, du moins l'un des premiers artisans de la solide amitié qui est devenue l'alliance franco-russe.

Ayant toujours un brin de crayon au bout des doigts, le capitaine a croqué pour nous les vues d'Odessa que voici, le grand escalier et la haute terrasse dominant la mer que fit construire au commencement du siècle dernier le duc de Richelieu, le petit-fils de celui qu'on appelait le vainqueur de Port-Mahon, que les hasards de la vie et de l'émigration avaient fait gouverneur de la Nouvelle-Russie.

Voici encore les curieux dessins d'une maison de poste et de la route poussiéreuse de Peresypka.

Le capitaine Perrotin revint par Nicolaïev dont voici le plan : Cherson, dont il croque en passant la forteresse et les pêcheurs retirant leurs filets du Dnieper.

Il est nommé, enfin, capitaine de première classe, revoit son cher Sébastopol et rentre en France en août 1856, ayant je crois, Messieurs, bien mérité de la patrie.

Paris, le 24 mai 1910.

E. FÈVELAT,
Paysan du Drac.

LILLE, IMP. LEFEBVRE-DUCROCQ.

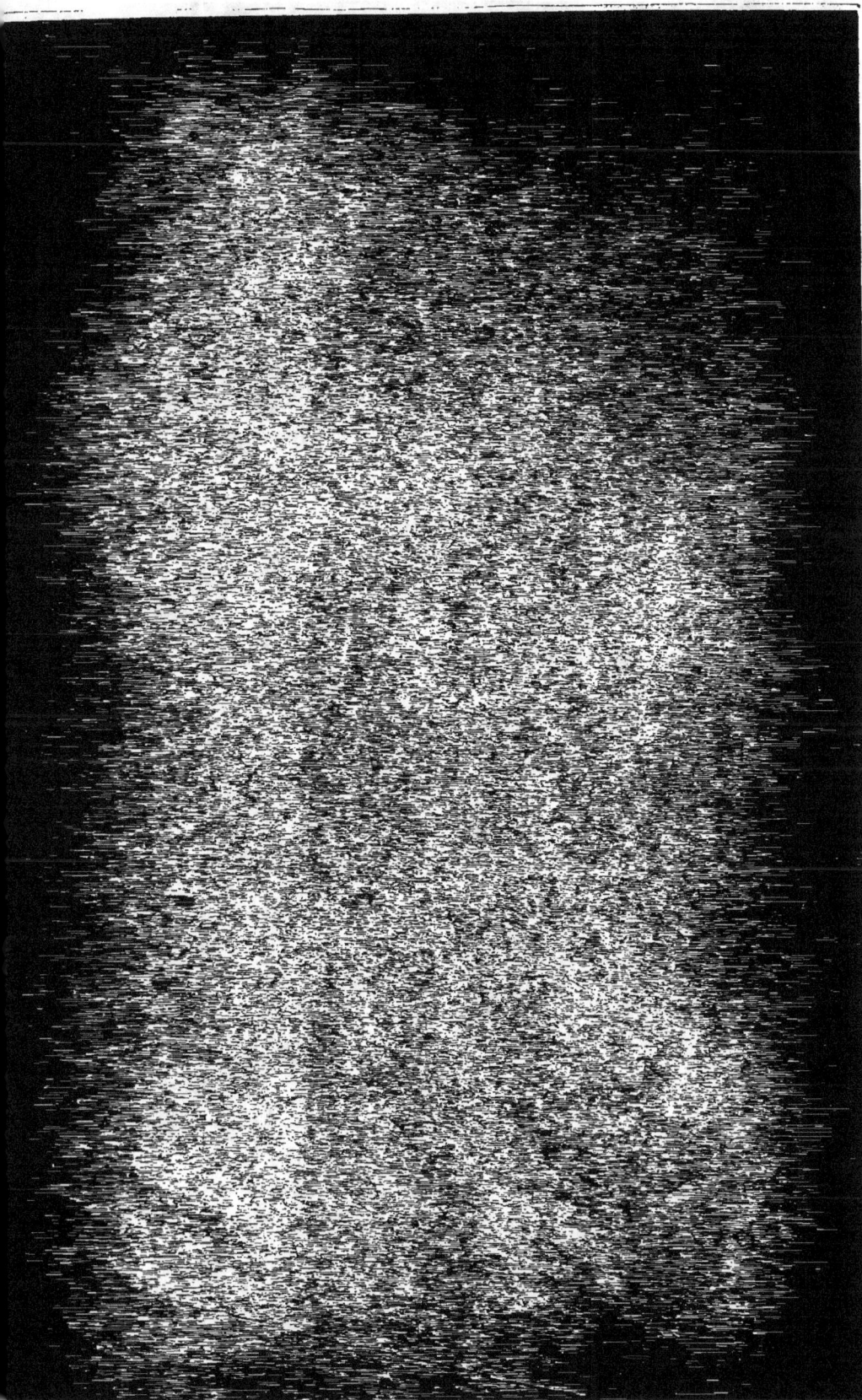

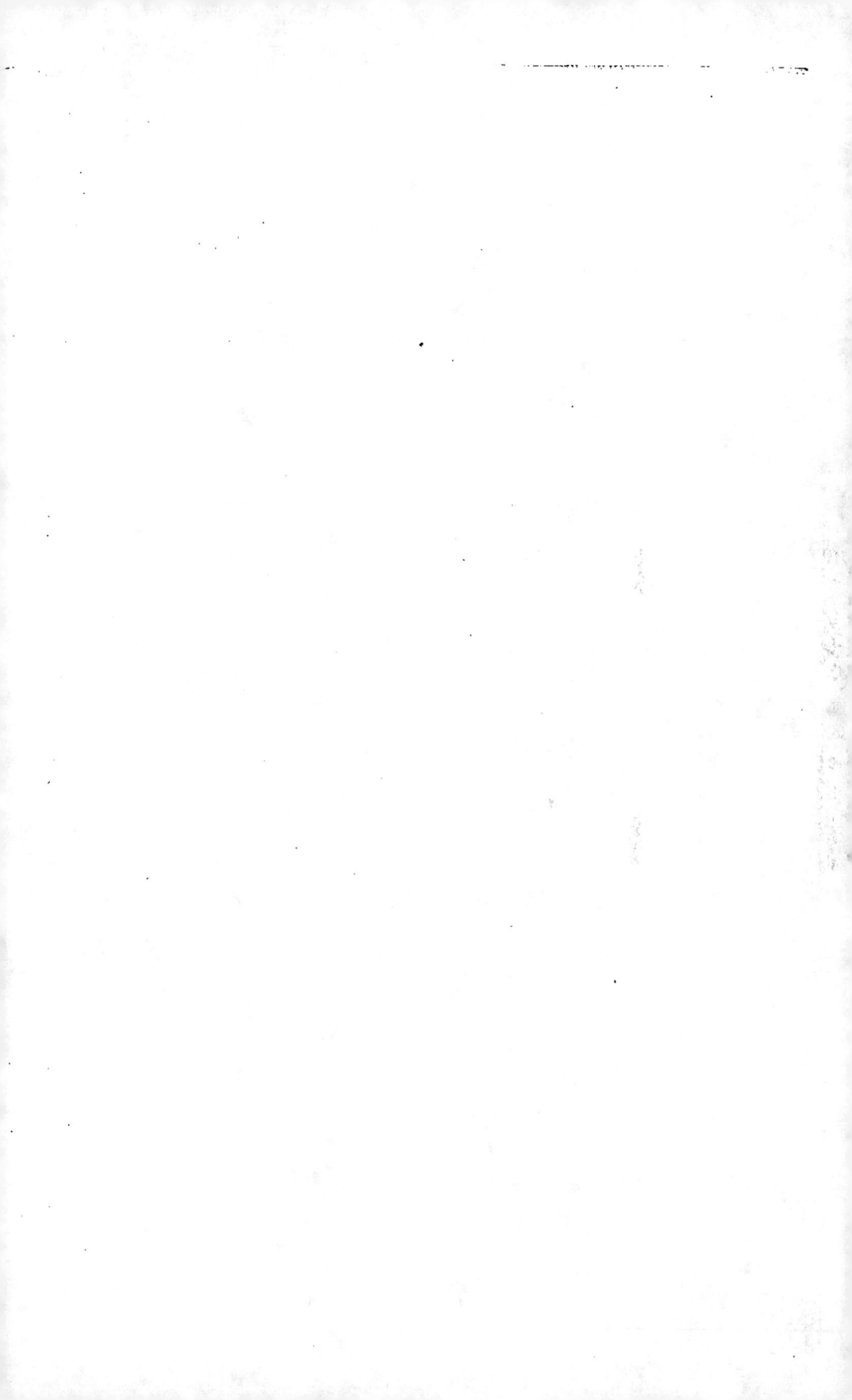

www.ingramcontent.com/pod-product-compliance
Lightning Source LLC
Chambersburg PA
CBHW060713280326
41933CB00012B/2422